¿PARA QUÉ TENER HIJOS?

YERUSHA HEFSIBA

¿PARA QUÉ TENER HIJOS?

"Que guarda misericordia a millares, que perdona la iniquidad, la rebelión y el pecado, y que de ningún modo tendrá por inocente al malvado; que visita la iniquidad de los padres sobre los hijos, y sobre los hijos de los hijos hasta la tercera y cuarta generación"
Éxodo 34:7

publicasolo.com

¿Para qué tener hijios?

Copyright © 2021 por Yerusha Hefsiba
Todos los derechos reservados.
Derechos internacionales reservados.

Ninguna parte de este manual puede ser reproducida en ninguna forma por medios mecánicos o electrónicos, incluyendo almacenaje de información y sistemas de reproducción sin permiso previo por escrito de los editores.

Diseño de interiores: Iuliana Sagaidak Montoya

Editorial: PublicaSolo, www.publicasolo.com

Categoría: Educación cristiana / Niños y jóvenes

ÍNDICE

Introducción	9
Testimonio	11
Hijo	15
En relación a las estadísticas	19
Pensar antes de actuar	27
Mi historia	31
Propósito de la humanidad	37
¿Para qué tener hijos?	45
Cómo formar a un hijo en este siglo bajo los lineamientos de Dios	63
Retomando mi historia	83

Este libro es resultado de oraciones y experiencias vividas dentro de un hogar con la necesidad de alinearse a la Palabra de Dios, a su voluntad y al temor de Él. Por eso lo dedico al Dios Eterno, Padre Celestial quien me guio e inspiró cada una de las palabras aquí plasmadas.

INTRODUCCIÓN

Este texto como una inspiración y guía del Espíritu Santo de Dios quiere llegar al corazón de quienes desean tener o tienen hijos jóvenes; debido a los tiempos que el mundo está atravesando hay incertidumbre y temor acerca del futuro que espera a las generaciones venideras, en un mundo lleno de perversión, maldad, mentira... para los padres y madres que están y no están conscientes de la realidad y los tiempos que están viviendo; los hijos hoy más que nunca deben alinearse a lo que Dios Padre quiere y manda en su palabra con respecto a su formación y educación.

Este libro *¿Para qué tener hijos?* va a dar pautas a aquellos padres que creen que no pasará nada, y a aquellos padres que temen de lo que les pueda suceder en un futuro a sus hijos. Mediante la palabra de Dios, es decir basando en muchos versículos bíblicos extraídos de la Biblia Reina Valera (1960) aquí hablaré de la importancia de elegir un futuro a su generación, y enmarcar el legado que predestina a los hijos, mediante una vida recta, santa, saludable, y alinearse al sistema de Jesús más no al del mundo, conforme a la voluntad de Dios además a aprender a conocer el propósito de Dios Padre para los hijos, mediante la Biblia que es un libro que nunca ha caducado ni caducará jamás, porque así está escrito en el, y sigue vigente.

Muchos padres tienen la costumbre de fijar los gestos, el carácter, la actitud y modales de ellos mismos en sus hijos, pero no se dan cuenta que les están haciendo repetir la misma historia de estos en su descendencia, claro está que hay excepciones, pero con todo ello se encasilla a los hijos en una página limitada con su pasado y proyectando su futuro, sin dar lugar al propio porvenir de ellos.

Como padres podríamos cambiar nuestra generación con fe, oración, actitudes y una renovación en la mente, acerca de qué y cómo pienso de mí y mis hijos.

TESTIMONIO

A continuación, les narraré la historia de una familia en la cual se repetía por varias generaciones el mismo pecado, pero en la cuarta generación alguien decidió dar lugar a la intervención de Dios en ella.

Se trata de Cecilia, una mujer que nació en una familia tradicional de Ecuador —eran católicos— su padre y su madre asistían regularmente a misa dominical. Cecilia se casó a los 21 años de edad cuando aún cursaba su carrera de Jurisprudencia en la Universidad Central con un muchacho que conoció en un paseo de amigos. Este muchacho, llamado Carlos tenía 26 años y era divorciado. Cecilia y Carlos tuvieron dos hijos, al año y medio de casados empezaron a dar síntomas de maltrato, violencia y adulterio, se maltrataban entre los dos, y Carlos engañaba a Cecilia con muchachas muy jóvenes al punto que a los 5 años de casados Cecilia había descubierto a Carlos en más de 10 ocasiones con muchachas. Ella lidió con este tema por 15 años, entre pleitos y reacciones violentas entre ellos ante sus hijos que lo presenciaban todo; por otro lado la madre de Cecilia era viuda pero tuvo que vivir con su esposo por 25 años lidiando con el tema del adulterio al límite que ella fue contagiada de VHI. La madre de Cecilia vivía con esta enfermedad por lo que era muy delicada, ya tenía 50 años y murió con una neumonía debido al VHI. Ella contaba que en varias ocasiones el esposo se desapareció por semanas de la casa, antes de morir confesó a su esposa que se iba de viaje con otras mujeres. Por otra parte la abuela de Cecilia también fue una mujer muy maltratada y engañada por su esposo, en una ocasión estuvo interna en un hospital por un mes debido a severos golpes en su cabeza. Y hoy Cecilia que ya tiene 51 años decidió vivir sola con sus hijos y seguir adelante, su ex esposo Carlos se volvió a casar por dos ocasiones y ahora vive solo postrado por una enfermedad en su sangre. Los hijos de Cecilia decidieron vivir solos. Su mayor hijo Joaquín estudió arquitectura, pero no logró graduarse y trabaja en una empresa de alimentación y vive con su novia, es la tercera mujer con la que convive; pero Sara su hija de treinta años salió a vivir sola a los 23 años, después de terminar los estudios de Universidad. Sara se graduó de Ingeniera en sistemas, y se casó a los 24 años, lo particular es que ella conoció de Dios a los 21 años y asistía a la Iglesia, lo cual su madre Cecilia no aprobó. Ahora ella tiene una hija con un esposo. Sara dice que tiene un excelente marido con temor de Dios. Sara y su marido instruyen a su hija en el camino del Señor, pues Sara decidió no repetir la historia de sus padres ni abuelos y ante ello ha tenido conversaciones muy abiertas y sinceras con su esposo al respecto. Su esposo proviene de una familia creyente y con temor de Dios en donde sus padres aún se aman y se respetan.

HIJO

Veamos algunos de los significados Según el *Diccionario Estudiantil* del Ministerio de Educación (2014),

Hijo respecto a una persona o a un animal — otro que ha sido engendrado por ellos. Persona considerada como producto de algo especialmente de una circunstancia "los niños de las favelas son hijos de la miseria". Cosa engendrada o producida por otro, por ejemplo: al rosal le están brotando hijos.

Hijo adoptivo — persona a la que unos padres de los cuales no ha nacido le conceden su identidad.

Ahora veamos algunos de los significados según la RAE (Real Academia Española de la lengua),

Hijo — persona respecto del país, provincia o pueblo de que es natural.

Hijo — persona o animal respecto de sus padres.

Hijo bastardo — nacido en unión no matrimonial; hijo de padres que no podían contraer matrimonio al tiempo de la concepción ni al del nacimiento. Hijo ilegítimo de padre conocido.

Hijo de bendición — hijo de legítimo matrimonio.

Hijo de Dios — en el cristianismo, el justo o el que está en gracia, y toda persona en cuanto a criatura de Dios. En el cristianismo, Jesucristo.

¿Porque mencionar los significados semánticos de hijo?, pues precisamente porque en lo posterior del texto tendrá mucha relevancia y porque es importante recalcar el significado de hijo para Dios y el significado que le da el mundo, mismos que han sido tergiversados en los últimos tiempos dando implícitas acepciones.

Los padres no eligen heredar a sus hijos el carácter, las actitudes, las costumbres y los hábitos de manera consciente sino al contrario, lo hacen sin pensar cuando actúan frente a una circunstancia sea cual fuere la acción o mejor dicho la reacción la cual es un hilo conductor que guía al hijo o hijos a responder de la misma manera en circunstancias similares. Un padre no decide heredar a sus hijos su orgullo, su tristeza, su mal carácter, su ira, sus fracasos o su bondad, incluso no cae en cuenta que le transmite pensamientos, sentimientos, un estilo de vida y aun si el hijo no quisiera heredar todo ello, pues lo más probable es que repetirá los mismos patrones conductuales por costumbre, porque lo vio y así aprendió a vivir. Los padres sin mirar al futuro ya están marcando el de sus hijos con su forma de proferir ideas acerca de ellos, de tomar decisiones, motivar o apoyar en cada situación.

Los hijos son idea de Dios porque Él fue quien creó a los padres, si tomamos en cuenta primero existe el padre y la madre y de ellos nacen los hijos, así que la humanidad fue creada para multiplicarse, y en resultado todos los humanos somos hijos de alguien excepto Adán y Eva, que ellos son hijos directamente de Dios El Creador (Elohim). Todos los seres humanos pertenecemos a un tipo de personas o personalidades como se quiera enmarcar, personas divertidas, conservadoras, rebeldes, estables emocionalmente, maliciosas, generosas, astutas, amargadas, débiles, y fuertes... sin embargo la mayoría de estas personas gracias a quien resultan así, a sus padres o a quienes los hayan criado.

La Biblia nos declara una verdad sobre los hijos que se tienen en la juventud. Salmos 127:4 *"Como saetas en mano del valiente, así son los hijos habidos en la juventud"*. Este versículo quiere decir que los padres son los arcos y los hijos son las saetas que se los apuntan a un destino y para ello debemos ser precisos y dar al blanco; como madre o padre tienes que ser un entrenador en la vida de tu hijo el mejor motivador o *coach*, en otras versiones bíblicas dice en lugar de valiente "guerrero" esto nos exhorta a luchar por los hijos como guerreros que defienden su territorio.

EN RELACIÓN A LAS ESTADÍSTICAS

En una encuesta realizada por mi persona a 179 adolescentes de entre 15 y 17 años de una institución educativa de la ciudad de Quito se evidenciaron los siguientes resultados: el 60% de ellos dicen que la autoridad en su hogar es padre y madre, y el 80% de estos adolescentes se consideran liberales y de pensamiento abierto. Ellos miran a este tópico social que es el homosexualismo como natural, que tanto ellos como sus padres lo aceptan sin prejuicios pues es lo moderno. Otra de las preguntas fue si tienen control de sus padres y la mayoría destaca que sí tiene el control superficial.

Según la publicación de *El Comercio* del 12 de mayo de 2018 Ecuador es el tercer país de la región con la tasa más alta de embarazos entre los 10 y 19 años; y según el INEC (Instituto Ecuatoriano de Estadísticas y Censos) en los últimos 10 años se incrementó el parto adolescente en un 78%, esto implica que aquellas adolescentes en su gran mayoría tienen a sus hijos sin su pareja es decir esos niños crecen sin un padre. Y según *El Comercio* del junio de 2020 dan a luz niñas de entre 9 y 14 años.

Hace unas tres o cuatro décadas atrás los matrimonios se formaban en primera estancia en un escenario material y económico limitado, pero lo primero que se lograba conseguir en esos matrimonios era los hijos. Técnicamente era lo primero que obtenían en el matrimonio en lugar de los bienes y cosas materiales para el equipamiento del hogar, cuya obtención la hacían a medida que el tiempo pasaba; a pesar de ello los hijos ya estaban instalados en el hogar sea el número que fuese. Este costumbre trascendió durante décadas a diferencia de la actualidad — los jóvenes al parecer se preparan en gran medida para formar su hogar.

Así como en los tiempos de Moisés, Josué, Caleb, todos aquellos que formaron parte de la historia bíblica sus propósitos como padres era tener muchos hijos para en primer lugar formarles en el temor a Dios, y segundo heredarles la tierra prometida y por supuesto lucharon por ella. Hoy en día el pueblo de Israel ha cambiado sus costumbres familiares en cuanto al matrimonio pues son más independentistas y la edad para casarse oscila entre los 24 y 28 años, la influencia del mundo ha recaído y también en esta nación hay madres muy jóvenes, hay divorcios. Lo cual nos hace notar que han perdido de alguna forma los principios que en tiempos antiguos se aplicaban.

Como lo había mencionado hasta hace unas tres o cuatro décadas atrás se tenía hijos a medida que llegaban porque *son bendición de Dios*, para educarlos y formarlos según los principios que manejaba cada familia. Y así venían y venían los hijos, incluso había padres que al tener dos o tres hijos del mismo sexo se tomaban la libertad de buscar el hijo/a que venga a ser la diferencia entre el resto.

Paulatinamente los matrimonios, según ha ido avanzando la ciencia y la tecnología, decidían el número de hijos que tendrían, además se podía agregar los hijos con nuevas técnicas, el caso es que los hijos venían y vienen con o sin planificación.

Según una publicación de *El Comercio* del 2 de junio de 2016 en el país de Estados Unidos para ese mismo año se ha reducido los embarazos adolescentes en un 8%, cifra histórica para el país todo debido al control de los mismos adolescentes. Pero aquí cabe recalcar que a más de ser un país próspero, mejor dicho una potencia mundial pero en el tema de la sexualidad antes bien es una debilidad, ya que a partir de 1970 se disparan los embarazos adolescentes y como es de saber la mayoría de estas madres tuvieron a sus hijos sin sus padres, en un país industrializado, liberal ¿cómo sería la educación a esos hijos? Los educaron las madres adolescentes que aún no tienen claro su criterio ni tal vez responsabilidad pero sí que son liberales. Sin más ahondar en el tema, el juicio queda para el lector, a lo que quiero llegar es que tipo de sociedad tiene ahora EE. UU. — producto de los 70s, 80s, personas criadas sin padres, es decir sin la figura paterna quien se supone proporciona la autoridad y seguridad en un hogar. Ahora es un país en que jovencitos matan a sangre fría en instituciones educativas, en donde se puede portar armas, en donde el aborto desde 1973 se decretó legal, pero que en los últimos años se rompió esa ley, a lo que muchas personas han protestado que se debería recuperar la legalidad del aborto. En cuanto al consumo de drogas el gobierno del país ha luchado por contrarrestar esta enfermedad, también está luchando por contrarrestar el racismo. Estos son algunos tópicos que enfrenta la sociedad Norteamericana como consecuencia de un factor importantísimo — la disfuncionalidad de la familia. Ahora vamos a los que nos incumbe si se toma en cuenta que son adolescentes esas madres, ¿qué nivel de responsabilidad podrían heredar cuyos hijos?

En mi país, Ecuador se vivió el mismo efecto de la maternidad precoz. A partir de los 2004 se registra en nuestra nación según estudios, embarazos adolescentes, como consecuencia de la migración a causa de la crisis económica, el feriado bancario de 1999 y otros factores, lo que hizo que miles de ecuatorianos salgan hacia Europa en busca de un porvenir digno, sueño que derrumbo el destino de muchos hijos que quedaron al abandono, o que también tuvieron que migrar con sus padres, lo que desató en muchos jovencitos la soledad, la tristeza, la desprotección, desencadenando liberalidad en ellos, buscando llenar tales vacíos con el consumo de drogas y el despertar sexual esto como estragos de la migración marcando un futuro incierto, e inseguro con una autoestima mal lograda. Imaginémonos el carácter, la personalidad y el futuro que impartirían estos adolescentes a sus hijos quienes hoy en muchos casos son ya jóvenes hijos de madres solteras, y algunos de ellos también con hijos, aquí cabe recalcar que además de hablar de la migración están las herencias.

Para no desviarnos del objetivo, las herencias generacionales son inevitables, a la vez reversibles, estas se dan por transmisión en los herederos que se repiten como una cadena familiar conductas o situaciones. Por ejemplo Armando Ruiz y Gloria Fuentes siendo primos contraen matrimonio, pero Armando antes de casarse había tenido un hijo con una relación previa y los hijos que Armando y Gloria procrean llegan a ser 10. De esta generación producto de Armando y Gloria, cuatro tienen hijos en la soltería, los otros tres tienen hijos en el matrimonio y los tres restantes tendrán hijos en el matrimonio y luego fuera de este, es decir producto de la infidelidad. De los 10 hijos suyos Armando y Gloria obtienen treinta nietos de los cuales trece nietas son madres solteras, son tres generaciones en las que se repite las mismas situaciones tomando en cuenta que todo empezó por un incesto, recuerden que Armando y Gloria eran primos. Y podría nombrar más ejemplos en los que la cadena generacional no se rompe e incluso en otros ámbitos como las enfermedades, los divorcios, las tragedias, la muerte, entre otros.

Hoy en día existe un sin número de madres solteras especialmente adolescentes que con seguridad no planearon ni decidieron procrear. Sin embargo las personas que actualmente tienen hijos con un deseo emotivo no piensan en el ¿para qué? traerlos al mundo. Algunos tienen hijos porque se casaron y deben tener hijos pero claro no más de 1 o 2, para llenar o completar la familia. Otra razón para traer hijos al mundo es porque mujeres solas quieren tener un hijo pero no casarse ni mucho menos darle un padre a ese hijo/a, o simplemente porque quieren tener a alguien que les diga papá o mamá, que más me suena a egoísmo, pero todo ello viene sin antes haberse preparado económica, material y emocionalmente y ¡qué del valor o la actitud que impartirá en ellos¡; reciben a su hijo/a con los brazos abiertos pero con los ojos cerrados no ven más allá de un bebé y todo lo que ello implica. Tener hijos es cuestión de compromiso, lucha, esfuerzo, territorio, y ahí es cuando caen en cuenta que tal vez "hubiera sido mejor no tener hijos."

PENSAR ANTES DE ACTUAR

Ahora bien el punto principal de lo que venimos hablando es que no deberíamos tener hijos sin propósito, en este siglo se debería pensar más para traer los hijos al mundo y detenerse a reflexionar como padre ¿qué le ofrezco a más del cuidado, alimentación, vestido, el sustento en sí, estoy listo para formarle para la vida, le enseñaré a defenderse? o simplemente le instruiré lo que yo aprendí ¿quiero que sea como yo, diferente, mejor o que cometa los mismos errores que yo, o ¿qué le brindaré y hasta cuándo? El nivel de responsabilidad se demuestra según el nivel de consciencia, los padres deberíamos generar un alto nivel es decir tener conocimiento de cómo se procede desde el mismo instante en que se desea concebir a un hijo, el momento de la concepción, el momento del alumbramiento y la crianza con todo lo que ello implica. La consciencia a un buen nivel genera un alto rango de responsabilidad es decir cuando sé la acción que cometí en este momento también sé la consecuencia o resultado de la misma, no se debería actuar sin pensar en el futuro que viene para mí y para mi hijo/os. Es lo que ocurre con los adolescentes — no piensan en el momento de concebir y en el caso de un embarazo no se encuentran capacitados para criar un hijo.

Para qué tener hijos en este momento de la vida, es decir en este punto de la historia de la humanidad, en el siglo XXI año 2020 y años siguientes, en que la ciencia y la tecnología se han apoderado del mundo. Se sabe que hay sobrepoblación — 7.600 mil millones de habitantes y normalmente se les escucha decir a muchos adultos "¡Para qué traer más gente a este mundo perverso, corrompido con tanto peligro y maldad!" y a la vez no se escuchan propuestas de solución a esta realidad; nuestra cultura cuenta con muchas madres solteras. Entre ellas adolescentes que con seguridad no planearon ni pensaron en procrear así que tampoco se prepararon y aquellos hijos resultantes de familias con padres criando a sus hijos y nietos en donde la imagen del padre y la madre, la autoridad y el respeto no se ha encaminado de forma correcta; por la razón que en lugar de brindarles seguridad es todo lo contrario desarrollan falta de identidad y lo que ello conlleva buscar fuera del hogar lo que no hallan allí, todo esto por su disfuncionalidad.

MI HISTORIA

Fui madre soltera muy joven, tuve una educación bastante tradicional en la que como mujer mi papel era el de servir en mi casa, no tenía muchas amigas ni amigos, los que consideraba compañeros o vecinos nada más; así que experimente relaciones fortuitas e infructuosas llevadas por la curiosidad. Rebeldía me dio como resultado un primer hijo a los 20 años cuando aún empezaba una carrera universitaria. Un año más tarde me había casado de manera súbita e intempestiva de tal forma que todos quienes me conocían se sorprendieron de tal matrimonio del cual procreamos un hijo, es así que a los 22 años era madre de dos varones. ¿Pensé en cómo educarlos, de qué forma criarlos?, ¡no! Y mucho menos planifiqué nada para sus vidas. Quienes intervinieron en tal crianza en un 99% fueron mis padres y mis hermanos menores, el uno de 20 años y la otra de 6 años y no exagero al decir que ellos intervinieron en su formación porque entre los dos marcaron las vidas de mis dos hijos mayores. A razón de un matrimonio breve e inmaduro al cabo de 2 años de casados nos habríamos separado para luego de algunos años divorciarnos.

Conocí a Dios a los 16 años de tal manera que con asistir a la iglesia los domingos era suficiente para mí, pero cuando comprometí realmente mi vida para Dios fue después de 13 años más, por supuesto hasta ese entonces mi papel de madre no trascendía de la abnegación, cuidado y manutención, más que una formación espiritual, moral y social es decir formarlos para la vida. Después de 15 años cuando mi compromiso con Dios era firme y constante me enamoré y me casé nuevamente de cuya unión obtuvimos un hijo que actualmente es formado e instruido en la palabra de Dios y en conocer su propósito en la vida.

Soy de profesión docente y enfrento a diario una realidad personal y profesional ante adolescentes que viven con condiciones tan variadas y distintas a las que yo viví. Ha sido un reto formarlos no solo en el proceso de enseñanza, aprendizaje y la disciplina pero en una guía para la vida haciéndoles entender como asumir responsabilidades y de qué manera responder frente a las circunstancias. Actualmente en mi día a día como madre y docente he intentado fusionar estos roles que hasta el día de hoy resulta difícil.

Tengo una gran preocupación y a la vez un compromiso por la juventud actual al ver como gastan su vida, su fuerza, sus metas y su destino en infortunios, desventuras, vicios, y más; y una gran carga de querer llegar a ellos con un mensaje sencillo y simple ante ¿qué y cómo lo vas a hacer si eres papá o mamá? Cada vez vienen más seres humanos al mundo fruto de varias condiciones en el hogar. Algunos de ellos tal vez cimentados en el amor otros disfuncionales, pero mayormente los traen al mundo madres que no pensaron en tener aun uno o más hijos.

Esa es la razón por la que lucho con fe y esperanza día que viene y día que va por sembrar una semilla en esos corazones desalentados debido a la actual condición en que la tecnología y la infinita información ha reemplazado el amor y cuidado de los padres en el hogar convirtiendo a los dispositivos cibernéticos en las niñeras y sustitutos de paternidad y maternidad cuya información está embotando sus mentes.

SUSTENTO BÍBLICO

El mundo está abatido cada vez más corrompido. ¿Para qué tener hijos actualmente?, ¿piensan eso los padres antes de engendrarlos?

Quiero que conozcas algunos textos bíblicos sobre el significado y el propósito de los hijos en la tierra.

"He aquí herencia de Jehová son los hijos. Cosa de estima el fruto del vientre. Como saetas en mano del valiente así son los hijos habidos en la juventud" (Salmos 127:3,4).

"Tus hijos como planta de olivo alrededor de tu mesa" (Salmos 128:3).

"Sean nuestros hijos como plantas crecidas en su juventud, nuestras hijas como esquinas labradas como las de un palacio" (Salmos 144:12).

"Castiga a tu hijo en tanto que hay esperanza; mas no se apresure tu alma para destruirlo" (Proverbios 19:18).

"Corrige a tu hijo y te dará descanso" (Proverbios 29:17).

"He aquí por tercera vez estoy preparado para ir a vosotros; y no os será gravoso, porque no busco lo vuestro, sino a vosotros, pues no deben atesorar los hijos para los padres, sino los padres para los hijos" (2 Corintios 12:14).

"Y vosotros padres, no provoquéis a ira a vuestros hijos, sino criadlos en disciplina y amonestación del Señor" (Efesios 6:4).

"Padres no exasperéis a vuestros hijos, para que no se desalienten" (Colosenses 3:21).

PROPÓSITO DE LA HUMANIDAD

La humanidad fue creada con el propósito de multiplicarse y extenderse. Leemos en *Génesis 1:26-28:* *"Entonces dijo Dios: Hagamos al hombre a nuestra imagen, conforme a nuestra semejanza; y señoree en los peces del mar, en las aves de los cielos, en las bestias, en toda la tierra y en todo animal que se arrastra sobre la tierra. Y creó Dios al hombre a su imagen, a imagen de Dios lo creó; varón y hembra los creó. Y los bendijo Dios, y les dijo: Fructificad y multiplicaos;*

llenad la tierra y sojuzgadla, y señoread en los peces del mar, en las aves del cielo y en todas las bestias que se mueven sobre la tierra".

En esta porción de Génesis Dios al crear y formar al ser humano, hombre y mujer les hereda la creación y la naturaleza y el primer mandato que les da es fructificarse y multiplicarse es decir tener hijos formar una familia y el segundo mandato es sojuzgar y señorear sobre todo lo creado. A cuentas de esta palabra Dios manda a los primeros humanos, a Adán y Eva, a dominar y someter a los animales y las plantas para su beneficio, lo cual deberán enseñar a sus hijos. Es la primera heredad que dan a sus hijos — enseñar a someter, dominar, administrar y organizar lo que se tiene. En primera instancia el propósito de la humanidad es llenar la tierra, señorearla y sojuzgarla, pero no se queda allí, dentro de esta creación está el árbol de la ciencia del bien y del mal del cual ordenó Dios no comer o de caso contrario morirían. Veamos *Génesis 2: 16-17: "Y mandó Jehová Dios al hombre diciendo: De todo árbol del huerto podrás comer; mas del árbol de la ciencia del bien y del mal no comerás; porque el día que de él comieres, ciertamente morirás"*. En resumen, el propósito de la humanidad era multiplicarse, señorear la tierra y obedecer a Dios.

Salmo 100:

<u>Cantad</u> alegres a Dios habitantes de toda la tierra.
<u>Servid</u> a Jehová con alegría: venid ante su presencia con regocijo.
<u>Reconoced</u> que jehová es Dios;
Él nos hizo, y no nosotros a nosotros mismos;
Pueblo suyo somos y ovejas de su prado.
<u>Entrad</u> por sus puertas con acción de gracias, por sus atrios con alabanzas;
<u>Alabadle, bendecid</u> su nombre.
Porque Jehová es bueno para siempre es su misericordia.
Y su verdad por todas las generaciones.

En este salmo nos dice primero cantad (alabar) a Dios, segundo servir a Jehová, tercero reconocer que él nos hizo y cuarto agradecer siempre por su misericordia.

En el momento que la humanidad desobedece a Dios, viene la consecuencia, tomemos en cuenta que toda la creación estaba a nuestra disposición sin hacer nada, pero perdimos esa bendición. Dios dijo que deberíamos comer con el sudor de nuestra frente, es decir trabajando: *"Con el sudor de tu rostro comerás el pan hasta que vuelvas a la tierra, porque de ella fuiste tomado; pues polvo eres y al polvo volverás"* (Génesis

3:19). En principio fuimos creados para no morir, de lo contrario Jehová no hubiese dicho *"sino moriréis"*, pero perdimos esa naturaleza infalible a causa de la desobediencia al Padre Celestial, pues esa es la herencia que dan Adán y Eva trasmitieron a toda la humanidad: la desobediencia a Dios y a nuestros padres terrenales, es la raíz de la iniquidad según la Biblia Reina Valera de 1960 (maldad, pecado, transgresión). Éxodo 20:5 nos dice: *"Porque yo soy Yahvé tu Dios que visita la iniquidad de los padres sobre los hijos hasta la tercera y cuarta generación de los que me aborrecen"*. Entonces es allí por donde se debe empezar desarraigando la desobediencia y la iniquidad de nuestras vidas, de nuestras generaciones pasadas y las por venir.

Es decir que si voy a tener hijos ¿es posible formarlos sin iniquidad? Miremos primero que es la iniquidad. Según la página de la Real Academia de la Lengua Española **iniquidad** significa "maldad" "injusticia grande", la iniquidad es como una ligadura o ADN espiritual en donde se van adhiriendo todos los pecados no confesados del hombre y la posible herencia a la siguiente generación. La iniquidad es transmitida a las personas desde su concepción y va a impregnar al corazón los pensamientos e intenciones que se oponen a la justicia, la verdad, el amor y a todo lo que Dios es, y se manifiesta en el alma formando como grandes vendas. Debido a que la iniquidad se opone a la justicia divina, la iniquidad es la verdadera raíz de donde surge todo el mal en nosotros y es ahí donde debemos echar el hacha, cortar de raíz y pedirle a Dios que borre nuestras iniquidades: *"Ten piedad de mí, oh Dios, conforme a tu misericordia; conforme a la multitud de tus piedades borra mis rebeliones. Esconde tu rostro de mis pecados. Y borra todas mis maldades"* (Salmos 51:1 y 9).

Las obras de la carne manifiestan la iniquidad: fornicación, adulterio, idolatría, pleitos, herejías, envidias, homicidios, orgías... (Gálatas 5:19-21) es importante saber que no es la voluntad del hombre la que deshace las obras de la carne sino el Espíritu de Dios. La iniquidad produce sordera y ceguera espiritual. Isaías 59:2 dice: *"Pero vuestras iniquidades han hecho división entre vosotros y vuestro Dios, y vuestros pecados han hecho ocultar de vosotros su rostro para no oír"*; pues no se escucha la voz de Dios, produciendo además enfermedades y dolencias.

Los padres debemos ayudar a nuestros hijos a hallar el propósito de vida que Dios tiene ya predestinado para cada uno de ellos. *"En amor habiéndonos predestinado para ser adoptados hijos suyos por medio de*

Jesucristo, según el puro afecto de su voluntad (Efesios 1:5). En él así mismo tuvimos herencia, habiendo sido predestinados conforme al propósito del que hace todas las cosas según el designio de su voluntad" (Efesios 1:11). Es posible formarlos sin iniquidad, no quiere decir que no van a cometer errores, o que nunca van a pecar; al contrario, se los puede criar libres de la iniquidad de sus padres, de tal manera que puedan vivir sin la herencia inicua de sus antepasados, no inducirlos a cometer los mismos errores y pecados de sus padres; e ir desarrollando en ellos la naturaleza de Dios, el carácter de Cristo, la fe como armas poderosas para vencer. *"Porque las armas de nuestra milicia no son carnales, sino poderosas en Dios para la destrucción de fortalezas"* (2 Corintios 10:4). Quiero decir que les enseñemos valores eternos que no se olviden nunca de respeto, responsabilidad, generosidad, perdón, como armas poderosas, para destruir el egoísmo en el hogar, o cualquier otra circunstancia que pueda ser derrotada con amor y perdón.

¿CÓMO MIRA DIOS A SUS HIJOS?

Jesús es hijo de Dios y es Dios mismo tiene la naturaleza de Dios, tiene el carácter, ADN y la sangre del Padre, podemos contar con Él como amigo, confidente, Rey, autoridad y Padre.

Todo lo que un hijo suyo es delante de Dios:

- ⇒ Es hijo del Rey
- ⇒ Es coheredero con Cristo
- ⇒ Tiene espíritu de adopción (es adoptado por el Padre Celestial)
- ⇒ Es parte del Reino del amado hijo
- ⇒ Tiene herencia junto con los santos
- ⇒ Es justicia de Dios
- ⇒ Tiene un nombre puesto por el Señor
- ⇒ Es cosa de gran estima
- ⇒ Es sellado por el Espíritu Santo
- ⇒ Es esculpido en la mano de Dios
- ⇒ Es amado
- ⇒ Es bendición de Dios
- ⇒ Es la niña de sus ojos
- ⇒ Su ungido
- ⇒ Es propiedad de Dios
- ⇒ Es ministro de la competencia del Espíritu
- ⇒ Es embajador de Cristo
- ⇒ Es ministro competente
- ⇒ Es la maravilla de Dios
- ⇒ Es obra de las manos de Dios
- ⇒ Es nación santa
- ⇒ Es real sacerdocio

Cuando los creyentes conozcan la magnitud y el peso que tiene ser un hijo de Dios, solo allí sabrán los derechos y el poder que existen para poseer y vencer como herederos de todas las riquezas espirituales, todo en la dimensión espiritual que se materializa en el mundo natural por fe.

Por ejemplo, algo muy sencillo en un día cotidiano con el hábito y costumbre que tengo de orar por las mañanas, oro porque en ese día el tiempo esté a mi favor y pido que se redima para alcanzar a realizar las actividades o trámites previstos y pidiendo que se me de facilidad para lograrlo. Al fin del día todo me salió bien, incluso más y mejor de lo que pensé. Así que primero debo ganar la batalla en lo espiritual por medio de oración, confesión y profecía y finalmente canjeo en lo natural. En todas circunstancias por más difíciles que sean Dios responde.

No debemos avergonzarnos de ser hijos del Dios Altísimo, cristianos, ni de enseñar a nuestros hijos a orar y tener consciencia de ser hijos del Padre Celestial, porque no somos débiles ni pobres, estamos llamados a vencer, pero no vencer a las personas sino a las circunstancias y a aquello que aflige, o causa dolor o daño que por lo general es algo espiritual, para que en lo natural se materialice, por ejemplo si se debe vencer la ira y en lo natural se refleja con control, paz y perdón.

¿PARA QUÉ TENER HIJOS?

Ese el propósito para el cual se los trae al mundo a los hijos, pues en realidad el ¿por qué? parece estar claro, se tiene hijos porque se casó o porque quedó embarazada sin querer o queriendo o tal vez porque no quiere estar sola, en fin, el porque es llenar una expectativa o un vacío, y la respuesta puede hallarse en las circunstancias, pero el para qué, es buscar esa respuesta en la creación de las cosas es ir a Dios y preguntarle a Él. El propósito de tener hijos en el pueblo de Israel era llenar la tierra como Él mando y enseñarles el camino de Dios, actualmente nuestro propósito no sería llenar la tierra sino antes bien mejorarla.

Existe una bella historia en la Biblia en el Libro de Samuel, dice que Elcaná israelita tenía dos esposas Penina y Ana, la primera tenía hijos, pero Ana no, y ella muy atribulada fue hasta la presencia de Dios a pedirle que le dé un hijo varón y lloraba mucho por ello pero cuando pidió ante la presencia de Dios el sacerdote Elí le dijo que esté tranquila que Dios le concederá su petición, pero lo particular en esta historia es que Ana al pedir el hijo le ofreció a Dios entregarle su vida entera para el servicio de Él, es decir que ella quiso tener un hijo no solo porque Penina tenía hijos sino que quiso el hijo para dedicarlo a Dios y pues el Señor le concedió y tuvo su hijo que es el profeta Samuel quien desde muy pequeño servía en presencia de jehová. 1 Samuel 2:11, 18: *"Y Elcana se volvió a su casa en Ramá; y el niño ministraba a Jehová delante del sacerdote Elí. Y el joven Samuel ministraba en la presencia de Jehová vestido de un efod de lino".*

Tener hijos para que se dejen llevar por la corriente del mundo o para que por medio de sus padres sean guiados por la potencia de Dios, es el propósito que el padre y la madre le va a dar en su crianza: ayudarles a descubrir sus talentos y discernir el plan de Dios para sus vidas para servir, llevar el mensaje del evangelio, ser ganador de almas, ser de testimonio y buen ejemplo pero no ser parte de una sociedad materialista, egoísta, sino ser diferente, generador de cambio, que brille no con luz propia sino con la luz de Dios mediante su propósito, ¿cómo?, enfrentando la realidad que tendrán que vivir, con la verdad de la palabra de Dios, no acomodarse a ella conscientes que no son los años 60 o 70, sino que son tiempos llenos de miedo, pecado y libertinaje, en donde la tecnología manda y no querré que mis hijos formen parte de una sociedad con mucha maldad sino que ellos puedan ser y hacer la diferencia; ni ser víctimas ni victimarios.

Hoy en día los niños nacen sabiendo el manejo y uso de los dispositivos cibernéticos lo cual significa que tienen toda la información al alcance de sus manos. Esto al parecer es muy difícil controlar, la sociedad de los *millenians* que es la nacida entre los 1980 y 2004, poseen una inteligencia artificial que no pide el favor a las generaciones anteriores para el desenvolvimiento y desarrollo de su vida y antes bien son independientes y al parecer no necesitan sino solo de ellos mismos. Tomando en cuenta todo esto los hijos que sigan viniendo al mundo están expuestos a una formación cada vez más exenta de valor y temor de Dios, porque como mencioné en un principio quien rige es la tecnología y todo lo que ella conlleva, pues los padres de hoy en día tienen una gran competencia al pelear contra todo lo que abarca la información diaria así que si somos padres sabios que queremos que nuestros hijos sean parte y herederos del reino de Dios que no es en este mundo sino en la eternidad que nos prometió en Hebreos 9:15 *"...los llamados reciban la promesa de la herencia eterna",* debemos hacer un gran esfuerzo primero en nosotros para ser los portadores de la verdad y guiarlos con temor de Dios, si no deseamos que en un pronto futuro ellos mismos nos juzguen. Por otra parte, están los padres que no pelean contra ello, sino que se acomodan y aceptan lo que el sistema les provee — adaptándose a este sistema sumisamente. También a los llamados la generación de cristal que según El Heraldo (México 21/12/2019) son jóvenes inseguros, con baja estima, solidarios con las causas globales, frágiles, sin autoridad, motivados por la vanguardia, la tecnología y valores efímeros.

Entonces ¿para que tener hijos en este tiempo? El mundo respondería, para que siga su legado, continúe la línea generacional, para llenar tumultos de seres llevados por este siglo pero bien dice en 1 Juan 2:15: *"No améis al mundo ni las cosas que están en el mundo. Si alguno ama al mundo el amor del Padre no está en él"*, esto quiere decir que aunque se vive en esta tierra en cualquier lugar del planeta, no deberíamos aferrarnos con amor a lo que el mundo ofrece lo cual acaba pronto, sino amar a Dios y todo lo que Dios es y tiene para sus hijos. *"porque todo lo que hay en el mundo, los deseos de la carne, los deseos de los ojos, y la vanagloria de la vida, no proviene del Padre sino del mundo. Y el mundo pasa y los deseos; pero el que hace la voluntad de Dios permanece para siempre"* (1 Juan 2:16-17). Este siempre se refiere a la vida eterna.

Tomemos en cuenta que la palabra de Dios en el Libro de Éxodo capítulo 20 vers. 5 y en el Libro de Deuteronomio capítulo 5 vers. 9 habla sobre la paga de la maldad de los padres sobre los hijos en la tercera y cuarta generación, recalco, de la maldad de los padres, es decir que el pecado o la iniquidad que los padres cometieron lo ven reflejado o se repite en sus hijos, en sus nietos y hasta en sus bisnietos, esto es a lo que se refiere las maldiciones generacionales, pero no es de alarmarse pues se puede evitar que un hijo experimente el pecado de sus padres, como en un capítulo anterior lo explique — la iniquidad es borrada por Dios en el momento que se arrepiente, y es totalmente posible no permitir que los hijos lo repitan en sus vidas, con oración y acción, es decir orando que se corte y se rompa esas maldiciones y cadenas familiares y actuando en fe con actitudes completamente diferentes a lo que los padres solían hacer. Por ejemplo la fornicación es lo más habitual y "normal" en este tiempo, difícilmente una muchacha se llega virgen al matrimonio. En otros casos, más allá de una relación formal entre novios quienes deciden encontrarse sexualmente esa es la fornicación, luego de ello está la promiscuidad que es un acto deliberado en que una persona cambia con frecuencia de pareja y mantiene relaciones sexuales con ellas y por lo tanto no es estable, que inclusive puede desencadenar en consecuencias trágicas; por los datos mencionados en un principio los adolescentes ya se convierten en padres. Ahí es donde los padres debemos actuar en primer lugar romper estas ataduras de lascivia en nosotros y luego en los hijos, mantener un comportamiento honesto, sano, puro delante de los hijos para que ellos no lo repitan, porque recordemos que los niños imitan lo que ven. Estos pecados se puede cortar en fe con oración y acción.

No por casualidad me encuentro escribiendo este libro en época de pandemia afectada por el covid 19, me atrevo a decir que más que casualidad es causal, no pienso que sea coincidencia, se avecinan tiempos más difíciles social, política y económicamente afectando de manera contundente en la salud tanto emocional, orgánica y mental; el mundo está estropeado por el encierro, por el temor al futuro, a la muerte con incertidumbre y muchas incógnitas. Hoy está en marcha una gran estrategia que el sistema ha desplegado en cada persona con informaciones reales y falsas acerca de los últimos tiempos, considero que sí son los últimos tiempos quizá no para que el mundo acabe o para que Cristo se manifieste sino para que se haga consciencia de la necesidad enorme de analizar sobre todas las acciones de los humanos; estoy completamente segura lo que la Biblia aclara sobre ello que la ira de Dios caerá sobre los hijos de desobediencia es decir la consecuencia del pecado se manifiesta y hoy en gran manera el miedo, la incertidumbre, la muerte en toda la humanidad; pienso que Dios Eterno se cansó, desde los tiempos de Noé nos viene advirtiendo sobre el arrepentirse y cesar el pecado, *"Dijo, pues, Dios a Noé: He decidido el fin de todo ser, porque la tierra está llena de violencia a causa de ellos; y he aquí que yo los destruiré con la tierra"* (Génesis 6 :13). Ahora el mundo vive toda practica inicua que Dios abomina: *"No te echarás con varón como con mu-*

jer, es abominación. Ni con ningún animal tendrás ayuntamiento amancillándote con él, ni mujer alguna se pondrá delante de animal para ayuntarse con él; es perversión. En ninguna de estas cosas os amancillaréis; pues en todas estas cosas se han corrompido las naciones..." (Levítico 18: 22-24), pero la gente sigue sorda como desde aquellos tiempos; además con profetas como Isaías, Jeremías, Ezequiel, entre otros y el mayor de todos el sumo sacerdote que fue Jesús incluso a él tampoco lo escucharon, hoy ya no tenemos profetas pero si señales de que la tierra gime con dolores de parto como dice en Romanos 8:22 , es decir hay mucho sufrimiento, dolor, tristeza, miseria en la gente y a pesar de ello buscan a un dios que les **solucione sus problemas**, mas no le buscan a Dios verdadero para **comprometerse** con él.

Es por ello por lo que en estos tiempos se debe poner más atención en la crianza de los hijos y cuestionarse para qué tengo hijos o para qué quiero tenerlos, dice la Biblia que el enemigo de este tiempo está suelto y con más ira buscando a quien se deje convencer de ir tras él: *"...porque el diablo ha descendido con gran ira sabiendo que tienen poco tiempo. 1 Pedro 5:8 sed sobrios y velad; porque vuestro adversario el diablo, como león rugiente, anda alrededor buscando a quien devorar..."* (Apocalipsis 12:12).

Para mí la Biblia es verdadera y real todas y cada una de sus palabras allí escritas creo firmemente, las historias de genealogías con sus nombres tan extensos y difíciles, las historias de los pueblos que conquistaron a Israel y los que fueron conquistados por este, los profetas, las parábolas con las que Jesús enseñaba, la vida de los apóstoles, en fin toda la escritura es real y es viva. Es verdad que existen libros de auto superación, charlas, cursos, terapias, no obstante considero que la palabra de Dios inspirada por el Espíritu Santo es poder y vida que realmente al ser leída , meditada y puesta en práctica surte efectos de sanidad, ingresa por los tuétanos y va a lo más profundo de mi ser, como lo dice en Hebreos 4:12. De tal manera que en toda circunstancia de mi vida he aprendido a buscar salida y respuesta en ella es decir en Dios mismo, porque la palabra de Dios es el mismo Jehová o Yahveh que habla.

Nuestros hijos deben vernos como padres que conocemos a Dios y sabemos y tenemos seguridad que es un Verdadero Dios que está para nosotros y en medio de nosotros. Tenemos que hablar de él, leer la Biblia, orar, cantar salmos, que ellos nos miren en comunión con Jesús y su palabra.

Realicé una encuesta a padres de entre 30-45 años, de hijos niños, adolescentes y adultos respectivamente, en las cuales se manifiesta lo siguiente, de entre 15 padres 1 bendice a sus hijos para que les vaya bien en el día, entre 20 padres 1 ora en casa con su familia, de entre 15 padres 1 asiste a una iglesia, actualmente virtual, de entre 10 padres 1 tiene planes para el futuro de sus hijos, de entre 30 padres 1 habla de temas como sexo y droga con sus hijos, y de entre 30 familias, las 30 desean ver a sus hijos graduarse del colegio y 5 de ellos aspiran a la universidad. Con estos resultados se aprecia que a pesar de nuestra índole cristiana en el sentido de creer en Dios, solo en los momentos de emergencia y necesidad se invoca el nombre de Dios Yahveh, sin llevar una vida de compromiso con Él, sin tratarse de una religión sino de la relación que como padre tengo con Dios lo cual junto con mi testimonio puedo transmitir a mis hijos.

La humanidad busca la felicidad, que antes bien este término se remite al nombre de la diosa Eufrósine un nombre griego que significa alegría y jubilo, hija de Zeus un dios griego; pero si usted lee la Biblia y sobre todo la original antes de la Reina Valera del hebreo no está la palabra felicidad, porque para Dios no hay felicidad, sino paz y gozo. Santiago 1:2 *"Hermanos míos, tened por sumo gozo, cuando os halléis en diversas pruebas"*. Esto quiere decir que si se busca la felicidad que se obtiene en el mundo por cosas materiales, relaciones "perfectas", posesiones, viajes, estudios, el fin no será un paz duradera la que sobrepasa todo entendimiento. Filipenses 4:17: *"la paz de Dios que sobrepasa todo entendimiento, guardará vuestros corazones y vuestros pensamientos en Cristo Jesús".*

Con todo lo que hasta aquí he mencionado quiero decir que la vida de todo ser humano tiene un propósito y ante todo cuanto más si nos consideramos y creemos que somos hijos del Altísimo por fe, convicción y escudriñamos en las Escrituras ese propósito quienes han heredado las riquezas del Padre Celestial y por fe y obediencia debemos transmitir a las generaciones venideras. Dice la palabra de Dios que nuestros días ya están escritos y que Dios nos vio en el vientre de nuestra madre por lo tanto Él ha estado presente desde nuestra concepción y por ello desea que le reconozcamos como el Padre que nos hizo y nos formó y le demos la honra. *Salmos 139:16 "Mi embrión vieron tus ojos, y en tu libro estaban escritas todas aquellas cosas. Que fueron luego formadas, sin faltar una de ellas".* Y si creemos esta palabra, es decir esta porción bíblica sabemos que tenemos un destino como herederos del Dios Todopoderoso parte de su linaje que su ADN nos caracteriza. Así que el hecho de ser hijos del Altísimo en este tiempo es la más grande responsabilidad espiritual que se nos ha designado para vivir y responder por ello en cada momento de nuestras vidas y cuanto más si deseamos tener hijos o estamos formando hijos, allí esta los días de nuestros hijos están escritos, ¿cómo lo descubrimos?, pues alimentando del conocimiento que emana de la lectura de la Biblia , una lectura meditada, constante, con fe y respeto, es la misma lectura la que convencerá y guiará a nosotros como padres en la formación rescatada para hacer la voluntad de Dios y tener la plena confianza de para qué formo a mis hijos, con ello sabríamos de donde procedemos y a donde vamos, es decir tener el conocimiento de mi origen e identidad y cuál es mi meta u objetivo en la vida. Qué fantástico sería si por una adivinación o por una profecía se supiera que sería de nosotros no nos esforzaríamos por vivir, pero lo más maravilloso de ello es que nosotros mismos vamos labrando el camino para llegar a esa meta que es Cristo Jesús, o sea parecernos a Él.

Formar a los hijos para cumplir objetivos , obtener bienes, tener éxito, no está mal, pero esto debería implicar desafío y propósito, sin ello los placeres o los deleites se verían sin fruto, no duraderos y monótonos es por esto que la importancia de guiar con propósito a los hijos radica en la paz que como padre obtendré luego de haber forjado en ellos los ideales correctos ya que si se equivocan guiándolos erróneamente sufrirán las consecuencias tanto ellos como los padres, es por eso que el principio les hablaba de conocer a Dios, conocer las herencias, y sus mandamientos, que a base de ello se podrá dar una guía correcta.

Ahora bien hay que pensar en algo práctico para la crianza de los hijos, y hacerse la siguiente pregunta como padres ¿en manos de quién dejaré a mis hijos si debo trabajar? Los dejaré con los abuelos, con un tío, hermanos; quién va a cuidar y a impartir el cariño, el abrigo, la seguridad en ellos y después de un tiempo lo más pronto posible ingresarlo en un *nursery* o guardería, en quien depositarán esa gran responsabilidad y confianza, en mi caso fue mi madre y mi suegra quienes se encargaron de ello mientras yo estudiaba y trabajaba correspondientemente. Es de suma importancia que los padres se ocupen de esa labor; ¡qué difícil y complicado! Actualmente esto es lo que sucede los hijos se están criando o formando con otras personas que no son sus padres. Es mejor pensar con una consciencia elevada y ver más allá de la satisfacción y gozo de tener un bebé, que sin duda es lo más tierno y agradable que existe, pero si no soy yo como padre o madre quien criaré a mi hijo, entonces ¿para qué lo tengo? La madre o el padre debe estar allí, si no eres tú quien estará, cuando llore, cuando tenga hambre, cuando se lastime, cuando le duela algo... esto en cuanto son pequeños, y mientras van creciendo y llegan a la adolescencia y resulta que quien estuvo allí fue... menos tú; recuerden que la adolescencia es una época de transición y crisis que aunque ellos detesten pasar tiempo con sus padres o con alguna autoridad, por dentro y en lo más profundo de su ser piden límites, órdenes, reglas, para ser formados, un tanto de rebeldía es natural, pero si la libertad o el limitante es excesivo, les causará daños. ¿Así que decides estar allí? Por instinto los seres humanos a cierta edad deseamos ser padre o madre, esto no quiere decir que deba tener un hijo cueste lo que cueste, sino estoy en el camino correcto para formarlo, y si no estarás allí alguien va a estar y entonces cual sería el legado, el destino y la trascendencia que estos hijos tengan, ¿quién será su modelo a seguir? Claro está que hay personas de mucha confianza que pueden ayudar en ello y ser parte de la formación de un hijo, sin embargo, debería ser por el tiempo necesario y prudente.

Pues existe otra realidad hay padres y madres que se encargan de la crianza de sus hijos a tiempo completo y resulta contraproducente porque son o muy duros posesivos y controladores o lo contrario una extrema permisividad, allí también se ve afectado su futuro.

En un principio menciono el significado de la palabra hijo e hijo de Dios según algunas fuentes; se deduce que ser hijo legítimo es quien ha sido reconocido por su padre, pues de la misma manera ser hijo legítimo de Dios es ser reconocido por Él y haber sido engendrado por el Espíritu Santo de Dios, que por fe viene esta convicción.

Un hijo formado sobre la plataforma del temor de Dios, que vio en las personas que lo criaron: comunión con Dios, oración constante, acciones justas, lectura y aplicación de las Escrituras, actitud de perdón, honestidad y podríamos seguir enumerando, él amará a Dios, deseará conocer, servir, vivir de la misma manera o mejor, tanto como sus padres lo hayan hecho. Pero no deseará parecerse a unos padres controladores, posesivos ni permisivos, débiles o tristones, ¡o de hecho lo harán sin querer!, ojo papá o mamá o tu que estás a cargo de esa vida, piensa en lo que impartirás.

Los hijos de Yahvé o Jehová, que es el nombre de Dios, deben tener hijos para sustentar la fe en Él y trascender en las generaciones como simientes de bien y de justicia, manteniendo el linaje de Dios y el sacerdocio real el cual significa que Dios nos hizo sacerdotes espirituales que realizamos sacrificios de espíritu de alabanza y adoración; el pueblo judío en la antigüedad debía acudir al templo a adorar a Dios porque allí estaba su presencia ,pero cuando Jesús vino a morir y resucitar por nosotros eso cambió Él nos dejó su Espíritu el cual mora en nosotros y por lo tanto debemos dar lugar en nuestra vida personal la adoración a Dios sin necesidad de ir al templo, porque nosotros somos el templo de Cristo, esa es la clave del éxito como un hijo de Dios, saber que mi ser es su templo por lo tanto lo cuido y mantengo bien.

Ahora bien, llegado a este punto quiero que hagamos consciencia del presente, el estado en el que nos encontramos en todas las áreas, podríamos decir que gozamos de paz espiritual, de solvencia económica, de relaciones armoniosas, de honra como madre o padre, de salud, es decir estoy complacido o complacida con la vida que tengo ahora, ¿es la mayor parte de estas áreas en la que me encuentro bien? o ¿es en la mayor parte de estas áreas en las que estoy mal? Personalmente después de algunos años de haber permanecido en el crisol del sufrimiento y una lucha incesante tengo PAZ muchas cosas a mi alrededor las circunstancias han cambiado para bien, aunque ciertas situaciones persisten; pero gozo de paz, es decir no me he vuelto rica, no me tratan como a una reina, pero yo he interiormente y espiritualmente entendí y acepté el valor que tengo como creación, hija de Dios y aceptada por Dios, porque mientras tu no sepas el valor que tienes no podrás llegar a tener una verdadera comunión íntima y real con Dios el Padre Celestial y es de allí de donde parte la paz porque lo que yo interiorizo sale al exterior por medio de mis acciones, actitudes, palabras, decisiones. Si no soy una madre que conozco al que me formó y si no conozco el propósito para el que fui traída al mundo, no podré transmitir ni trascender en la vida de mi hijo.

Ante esto me pregunto: ¿cuál es la impronta que dejaré en mi descendencia, cómo me recordarán cuando ya no esté aquí? Con nostalgia porque me extrañan, con tristeza porque eso les inspiraba, con gratitud porque hice algo por ellos, con dolor porque me vieron sufrir mucho o les hice sufrir, con ira porque les hice daño, con inspiración porque fui un reto para ellos, o no me recuerdan porque no signifiqué nada. Tú que estás leyendo esto si has llegado hasta aquí es porque Dios quiere más de ti, hazlo hoy mismo empieza a sembrar en tu hijos, da el primer paso si son ya grandes perdónales y si son pequeños comienza enseñándoles desde lo más sencillo que es orar, pero si no quieres o no sientes el poder para hacerlo debes tu primero entrar en un profundo tratamiento con Dios Todopoderoso; pero no perdamos tiempo los días apremian y cada minuto avanza la maldad.

COMO FORMAR A UN HIJO EN ESTE SIGLO BAJO LOS LINEA- MIENTOS DE DIOS

Igual que los siglos anteriores considero impor- tante que a un hijo se lo debe formar sobre los cimientos de fe en la palabra de Dios que está impresa en la Biblia, y que hoy por hoy en nuestra sociedad latinoamericana según la idiosincrasia es nombrar a Dios en los momentos más difíciles, pero la formación en la fe y los mandamientos de Jehová, radica en el conocimiento real de Cristo -Dios, mas no en religiosidad así como asistir a una iglesia una o dos veces por semana y la relación con Dios no pasa de dos horas en ese día. Como una hija de Dios que trata de mantener la fe y el temor de Dios estoy segura que fuimos creados conforme a la imagen y semejantes a Él, para qué? para imitarlo en todo. Y para ello es importante conocer de las Escrituras en donde se nos revela el carácter y el propósito que Dios Padre tiene para sus hijos:

1. Conocer a Dios
2. Amar a Dios con todas las fuerzas del alma
3. Tener Temor de Dios
4. Orar por el hijo que se espera o por el que ya tienes.

Si no eres un padre o una madre que conoce a Dios y no ha recibido a Jesús como salvador, debes hacerlo ahora mismo para que Dios empiece a actuar sobre tu vida y la de tu hijo y el destino que Dios tiene para ustedes se cumpla o de lo contrario vivirás con metas en las que el Señor no pueda tomar el control y su lugar. Porque algo si está claro este mundo fue creado por Dios Jehová Todopoderoso, sempiterno y absolutamente fiel Dios y el único adversario que gobierna al mundo es satanás enemigo de Dios, no hay más o estás con el Señor o estás con su enemigo porque *"el que practica el pecado es del diablo; porque el diablo peca desde el principio"* (1 Juan 3:8) es verdad que existen varias religiones, creencias, tendencias religiosas pero la verdad absoluta está en Dios Padre de nuestro Señor Jesucristo, no hay medias tintas, o crees en Dios el Padre de las luces, Majestuoso Rey o en el dios de este mundo — diablo.

El objetivo de tener un hijo debería ser entregarle un legado una educación mas no esperar recibir algo de él. Es decir, darle a conocer de Dios, amar a Dios, en pocas palabras que aprenda a vivir para Dios, o sea que como padres se debe tener una vida con propósito y que nuestro/s hijos tengan una vida con propósito y cuál sería el propósito de Dios en mis hijos (ser ejemplo de justicia, expandir el evangelio y el mensaje de salvación a los demás mediante sus vidas en cualquier estado, situación o condición que se encuentren). En los siguientes cuatro pasos vamos a desglosarlo.

1.- CONOCER A DIOS

Son dos aspectos distintos conocer de Dios y conocer a Dios. Cuando yo conozco de algo o alguien es porque tengo referencias o testimonios de que existe incluso puedo creer en ello. Pero si le conozco a partir de mí misma necesidad de querer saber quién es, en conclusión, si lo he visto, he hablado con él, tengo relación y hay cercanía puedo asegurar que conozco a Dios. Para conocer a Nuestro Padre Celestial hay que desear, segundo pasar tiempo con él, descubrir su forma de ser, saber qué le gusta y qué no. Solo mediante su palabra puedes conocerlo; es como cuando el novio y la novia se conocen, se atraen y lo primero que sienten es atracción, primeras citas, primeras conversaciones tal vez algo superficiales, pero mientras pasan los días va profundizando su amor, su relación se solidifica y tanto más tiempo permanezco con mi amado sé con quién me voy a casar. Lo mismo ocurre con nuestro Señor Jesús por fe lo empecé a amar y lo recibí en mi vida, pero en el camino, si voy junto a él lo conozco más. y lo que debemos saber de Dios es que es el creador del cielo y la tierra. Génesis. 1:1 *"En el principio creo Dios los cielos y la tierra".*

Es un Padre Celestial. *Mateo 5:48: "Sed, pues, vosotros perfectos, como vuestro Padre que está en los cielos es perfecto. Mateo 6:6 y 9: Mas tú cuando ores entra en tu aposento, y cerrada la puerta, ora a tu Padre que está en secreto; y tu Padre que ve en lo secreto te recompensará en público... Vosotros, pues, orareis así: Padre nuestro que estás en los cielos, santificado sea tu nombre. Marcos 14:36: Y decía: Abba, Padre, todas las cosas son posibles para ti; aparta de mí esta copa; mas no lo que yo quiero, sino lo que tú".*

Él es Dios Todopoderoso Elohim es el que es infinito en poder y en creatividad es absolutamente fiel el creador del universo, todo lo creado es sostenido por lo infinito de Dios. Es sobrenaturalmente poderoso. Jehová es eterno no tiene causa, no tiene principio, no tiene final, es autoexistente. Es inmutable es sempiterno. Infinito en poder y absolutamente fiel, Jehová es eterno, El ES, Dios es el principio no final no necesita nada, no hay un solo tiempo que en Él no estaba. Es, fue y será. Su nombre proviene de su mismo nombre Yeshua. El que soy es Jesús, Jehová mismo hecho carne para entender la condición de ser humano quien está sentado junto al Padre e intercede por nosotros *Mateo 8:34: "¿Quién es el que condenará? Cristo es el que murió; más aún, el que también resucitó, el que además está a la diestra de Dios, el que también intercede por nosotros".* Y el Espíritu Santo que es Dios mismo hablándonos, guiándonos, fiel. *1 de Corintios 1:9: "Fiel es Dios, por el cual fuisteis llamados a la comunión con su hijo Jesucristo nuestro Señor".* Y que su amor excede todo conocimiento, de tal manera que pueda estar segura de su amor y no me va a fallar puesto que el amor de Dios es eterno, nunca deja de ser *"El amor nunca deja de ser; pero las profecías acabarán, y cesarán las lenguas, y la ciencia acabará"* (1 Corintios 13:8). *"Porque el amor perfecto que es de Dios echa fuera el temor"* (1 de Juan 4:18). *En el amor no hay temor, sino que el perfecto amor echa fuera el temor; porque el temor lleva en sí castigo. De donde el que teme, no ha sido perfeccionado en el amor".*

2.- AMAR A DIOS

"Y amarás a tu Dios de todo tu corazón, y de toda tu alma, y con todas tus fuerzas" (Deuteronomio 6:5).

Una persona ama lo que conoce ama algo o a alguien con quien convive a diario, primero si no sabes quién es Dios no lo vas a amar porque no lo conoces, en primer lugar, tienes que querer conocerlo ¿cómo? Invitándolo a tu vida por medio de oración y leyendo la Biblia, puedes empezar por Proverbios para que así sepas que es lo que más le agrada y desagrada que tu hagas como hijo, puedes continuar con la lectura de los cuatro evangelios para que conozcas a Jesús y a continuación puedes leer Salmos para que aprendas a alabar a Dios en toda circunstancia.

Puedes hacer esta oración antes de empezar, (con reverencia):

Señor, Padre Celestial y Dios Eterno vengo delante de ti y te pido perdón por todos mis pecados reconociendo que he fallado y te pido que vengas a mi vida entres en mi corazón y gobiernes mi ser y yo te recibo como Señor, Dueño y Salvador de mi vida, te entrego todo lo que soy pidiéndote que tomes control de mi destino, te entrego mis sueños, mis fortalezas y debilidades, mi carácter, sé tú el dueño de mi totalidad y hazme la persona que tú quieres que yo sea, en el nombre de tu hijo Jesús de Nazaret. Amén.

3.- TENER TEMOR DE DIOS

El temor de Dios no es más que amar lo que Dios ama y aborrecer lo que Dios aborrece, el Señor ama al mundo, es decir a las personas que creó; *Juan 3:16 "Porque de tal manera amó Dios al mundo que ha dado a su hijo unigénito, para que todo aquel que en él cree, no se pierda, más tenga vida eterna"; Proverbios 8:13 "El temor de Jehová es aborrecer el mal, así que Dios aborrece el pecado pues el temor de Dios es sabiduría", Proverbios 1:7 "El principio de la sabiduría es el temor de Jehová",* es decir que cuando se actúa con la sabiduría de Dios se posee el temor de Dios, no quiere decir que debo tenerle miedo al Señor sino que debo tener celo hacia Dios de tener miedo de traicionarlo o fallarle. Cuando se actúa con sabiduría se está agradando al

Señor. Hechos 10:34-35: *"Entonces Pedro, abriendo la boca, dijo: En verdad comprendo que Dios no hace acepción de personas, sino que se agrada del que le teme y hace justicia"*. El temor de Dios es un espíritu y podríamos, antes bien, deberíamos pedir que seamos llenos del temor de Dios Isaías 11:2: *"Y reposará sobre él el Espíritu de Jehová; espíritu de sabiduría y de inteligencia, espíritu de consejo y de poder, espíritu de conocimiento y de temor de Jehová";* con el temor de Dios dentro de nosotros resulta difícil pecar y contristar el Espíritu Santo; Efesios 4:30: *"Y no contratéis al Espíritu Santo de Dios, con el cual fuisteis sellados para el día de la redención"*.

Cabe recalcar que los hijos de Dios no poseen en su mayor parte el espíritu de temor de Jehová, mejor dicho, no lo activan, es más fácil amar a Dios que tener temor de Dios, es decir que puedo reverenciarlo adorarlo, darle gracias, pero resulta más difícil dejar ciertos pecados o malos hábitos que me apartan de Dios por ejemplo la mentira, es un mal hábito y es pecado. Entonces temer a Dios es tener temor de pecar es algo distinto temer a Dios, sin embargo, cuando se desobedece a un padre, y se tiene miedo de su autoridad por lo tanto de su castigo, es el temor de la consecuencia por desobedecer o pecar. Si el temor de Dios es no hacer lo malo y además es el principio de la sabiduría, entiendo que debo adquirir sabiduría de Dios. Santiago 1:5: *"Y si alguno de vosotros tiene falta de sabiduría, pídala a Dios, el cual da a todos abundantemente y sin reproche, y le será dada";* va más allá de poseer conocimiento, dice su Santa Palabra que el conocimiento envanece, pero la sabiduría es de lo alto Santiago 3:17: *"Pero la sabiduría que es de lo alto es primeramente pura, después pacífica, amable, benigna,, llena de misericordia y de buenos frutos, sin incertidumbre ni hipocresía".* Según el diccionario de la RAE **estar instruido** es tener profundo y elevado conocimiento de alguna materia; **sabio** significa busca el consejo de alguien más sabio, prudente, sensato. También se podría decir que tener temor de Dios es agradarle.

4.- Orar por los hijos

A medida que amo a Dios, lo conozco y tengo temor de Dios camino en oración, es decir cuando he recibido a Jesús en mi vida y corazón, por quien es por mí, porque debo dejar que mi corazón sea sanado, mis vacíos sean llenados, mis heridas curadas y mis relaciones restauradas, a tal punto que en tal estado tendré autoridad para interceder por mi familia, mis amistades, mi país, por el pueblo de Israel y el mundo entero.

En el momento que oramos por nuestros hijos ya sea que estén en camino o ya los tengamos e incluso por muchos años podemos orar por ellos y no solamente sino también compartirles el amor de Cristo, leer su palabra y orar juntos. Pero como padre o madre meditar sobre su vida, su futuro, ¿qué quiere Dios para mis hijos? Mas no lo que quiero yo; es decir primero debo renunciar a mis hijos como propiedad mía y entregárselos por medio de oración al Dios vivo en sus manos abiertas y extendidas para que me sea fácil entender y respetar su individualidad todo esto en oración, los cuales son actos espirituales de fe. Cuando yo oro por mis hijos lo primero que debo hacer es perdonarles y pedirles perdón, porque con la autoridad de padre o madre puedo hacer que el enemigo no tenga derecho sobre ellos en ninguna área cuando llevo a la cruz todos sus pecados y los clavo Colosenses 2:14 *"anulando el acta de los decretos que había contra nosotros, que nos era contraria, quitándola de en medio y clavándola en la cruz".* Así yo quito poder al enemigo sobre sus vidas, oro al Señor que me guíe como instruirlos para que sus dones y talentos sean expuestos como una herramienta o instrumento para la honra de Dios, y todo error o pecado que ellos cometan lo clavo en la cruz.

Ato en sus vidas todo aquello que les haga daño, así como amistades, hábitos, lecturas, programas, música y prohíbo al enemigo tocarles por medio de todo esto Mateo 16:19: *"Y a ti te daré las llaves del reino de los cielos; y todo lo que atares en la tierra será atado en los cielos; y todo lo que desatares en la tierra será desatado en los cielos".* Usando las armas de Dios, así como la oración la fe, el diezmo, la sangre de Cristo, la cena (pan y vino), imponiendo manos sobre sus cosas, declarando las cosas que no son como si fuesen Romanos 4:17 *(como está escrito: "Te he puesto por padre de muchas gentes) delante de Dios, a quien creyó, el cual da vida a los muertos, y llama las cosas que no son como si fuesen".* Oro sobre ellos cuando están dormidos, pero ante cualquier deseo de su corazón es mejor declarar que se efectúe la perfecta, buena y agradable voluntad de Dios en sus vidas y como está escrito que su destino se cumpla Efesios 1:5 *"en amor habiéndonos predestinado para ser adoptados hijos suyos por medio de Jesucristo, según el puro afecto de su voluntad".* Y que todos sus días estén contados en las manos de Dios Salmo 139:15-16: *"No fue encubierto de ti mi cuerpo. Bien que en oculto fui formado. Y entretejido en lo más profundo de la tierra. Mi embrión vieron tus ojos, y en tu libro estaban escritas todas aquellas cosas".* Que privilegio para la madre que está embarazada puede realizar todo esto con su bebé en su vientre.

Es importante conocer sobre intercesión y al realizarlo por los hijos, tener la seguridad de la autoridad como creyente hijo de Dios y como padre o madre, se provocaría un gran presente y futuro para él, ¿cómo? Yendo a la raíz, a la herencia, y a la genética para romper cadenas y ataduras y desatar libertad, todo esto en oración.

Es necesario que antes que intercedas por tus hijos, acudas al trono de la gracia Hebreos 4:16 *"Acerquémonos, pues, confiadamente al trono de la gracia para alcanzar misericordia y hallar gracia para el oportuno socorro"*, y estar justo ante el Señor para tener la suficiente autoridad de interceder por otros es decir perdonar y pedir perdón para encontrarme a cuentas con Dios. Entrando en una esfera de santidad arrepentida y entendiendo que la gracia de Dios nos da poder para vivir sobre el pecado (no para pecar) para poder tomar la posición justa en las cortes del cielo y palpar la voluntad de Dios hecha.

Oración de protección y liberación
Padre Celestial grande en poder Majestuoso infinito y absolutamente fiel me postro ante tu presencia para interceder por mi hijo/a _____ Señor te pido que primero me perdones por los errores que he cometido como madre, si le orienté mal, o le di mal

los consejos y me perdones si le ofendí o le provoqué a ira, ENSÉÑAME A SER SABIO Y PACIENTE PARA GUIAR A MI HIJO. Y ahora te pido que tengas misericordia de _____. Perdónale Señor por todo lo que ha hecho y ha dicho contra mí, contra sí mismo y contra ti Padre eterno, traigo su nombre _____ _____ a tu presencia y a tu corte celestial en donde las peticiones son asuntos legales para que se hagan en la tierra así que con la autoridad de hija de Dios clavo en la cruz todo decreto y toda acta en contra de _____ y no hay poder del enemigo sobre él/la te suplico borra sus pecados y ten misericordia de mi hijo/a, que tu sangre poderosa lo redima y lo limpie y que quede blanco como la nieve, porque hemos vencido por la sangre del cordero y la palabra de nuestro testimonio, ahora que le he quitado todo derecho al enemigo, ato la rebeldía, el pecado, la ira... (especifique) en mi hijo/a y los encadeno con la cadena de Cristo te envuelvo 7 veces y los mando al abismo sin retorno por mil años y pongo el sello del Espíritu Santo. Ahora desato en mi hijo espíritu de gozo, de libertad, de hambre y sed por tu palabra ... (especifique) y con la llave del reino de los cielos que me da autoridad para atar y desatar finalmente declaro que mi hijo/a es propiedad de Dios, tiene ciudadanía eterna es tu hijo y engendrado por el Espíritu de Dios por lo tanto el maligno no le toca todo en cuanto sea lo mejor para él /la en todas las áreas, todo esto te lo pido en el nombre poderoso de Jesús de Nazareth, y prohíbo al enemigo venir en contra nuestra y ninguna arma forjada contra mi hijo prosperará y no toca más su vida. AMÉN, AMÉN.

Para cumplir estos cuatro pasos se debe estar consciente de toda la información que puede llegar a nuestros hijos y como padres cruzarnos ante estas informaciones con una buena guía con respecto a lo que ellos perciben en la realidad y no competir con la tecnología ni dejarse ganar de ella sino ser más estratégicos y audaces con lo que nuestros hijos deben conocer, antes que mi hijo o hija conozca sobre temas de sexo, muerte, adicciones, debe saber quién es el Creador de el/la, sus lineamientos y mandamientos para una vida, no feliz, sino próspera y de paz. Ese es el punto en el que el padre y la madre debe desarrollarse en primer lugar como un hijo de Dios y luego como un maestro de sus hijos y está escrito en *Deuteronomio 6:6-9 "Y estas palabras que yo te mando hoy, estarán sobre tu corazón; y las repetirás a tus hijos, y hablarás de ellas estando en tu casa, y andando por el camino y al acostarte y cuando te levantes. Y las atarás como una señal en tu mano, y estarán como frontales entre tus ojos; y las escribirás en los postes de tu casa y en tus puertas".*

Este es un punto importante si estamos hablando de para qué doy una crianza a mi hijos/s es decir cuál es el propósito de sus vidas, debemos detenernos a observar y pensar sobre la sociedad actual con muchas diferencias, diversidad de pensamientos, creencias, estereotipos que buscan un bien común ya sea dentro de religiones, etnias, grupos minoritarios y lo que integra a toda la sociedad es lo que va a las masas así como la moda, la comunicación; si queremos ir un poco más hondo podemos apreciar una sociedad afeminada en que los hombres tienden a ser como mujer se puede notar en la moda los colores que ahora visten y usan, su estilo que no solo es apariencia, es por algo que los colores se identifican con el sexo; así es como de lo más superficial se introduce a lo más interno de la persona la forma de pensar , quitándoles autoridad como seres masculinos, pero por otro lado las mujeres con lo del "feminismo" quieren ser como los hombres y de hecho algunas lo son, este sistema quiere feminizar a los hombres y masculinizar a las mujeres, pero el propósito no es analizar la sociedad hay muchos libros y tratados sobre ello, sino que es analizar el para qué traemos a nuestros hijos a esta sociedad, los introducimos en ella y dejamos que el sistema los moldee o les enseñamos la verdad a base de las Escrituras para que sean la diferencia con el propósito de formar un paradigma diferente dentro de esta. Todo está en nuestras manos al nivel de decisión como padre o madre tomamos esa carta en la mano y la soltamos delante del destino de la generación que está formándose en nuestras manos bajo nuestra responsabilidad. Espiritualmente hablando el enemigo quiere acabar con el por medio del pecado, los placeres de la carne, y del sistema *"porque todo lo que hay en el mundo, los deseos de la carne, los deseos de los ojos, la vanagloria de la vida, no proviene del Padre, sino del mundo"* (1 Juan 2:16). *"El ladrón no viene sino para hurtar y matar y destruir; yo he venido para que tengan vida, y para que la tengan en abundancia"* (Juan 10:10).

En lo natural si observamos el comportamiento, las actitudes y las expresiones de la juventud, notamos que son llevados por un mismo sendero de una falsa autoridad en cuanto deben elegir por su apariencia, y su bienestar sea lo que la sociedad les brinde acomodándose a los caprichos de la moda y las exigencias tecnológicas haciéndoles creer que son autónomos y dueños de sus vidas, y no caen en cuenta de todo lo contrario, que sucumben en la trampa de ser controlados por una misma ideología en la que la imagen de hombre, según la Biblia y la moral de antes, era ser cabeza y autoridad del hogar, ha caído. Y la imagen de la mujer de ser apoyo, ayuda, consejera, se ha convertido en autoritaria y temeraria sobre el hombre. No se trata de ser machista ni feminista, sino ejercer una autoridad alineada y compartida por medio del respeto, decisiones y actitudes. Podemos considerar en los siguientes versículos la condición actual de la sociedad y el ser humano: *"También deber saber esto: que en los postreros días vendrán tiempos peligrosos. Porque habrá hombres amadores de sí mismos, avaros, vanagloriosos, soberbios , blasfemos, desobedientes a los padres, ingratos, impíos, sin afecto natural, implacables, calumniadores, intemperantes, crueles, aborrecedores de lo bueno, traidores, impetuosos, infatuados, amadores de los deleites más que de Dios. Que tendrán apariencia de piedad, pero negarán la eficacia de ella; a estos evita"* (2 Timoteo 3:1-5).

Es para esto que queremos traer hijos al mundo para que al formarlos en estas generaciones y las venideras se les brinde un entendimiento sabio con propósito de vida y encaminados hacia la verdad que es Dios, que sean la diferencia sin temor al rechazo y la desaprobación, todo dependiendo de la seguridad y la fe con que se los eduque dentro de los principios bíblicos y el calor estable del hogar.

Los padres debemos ser más astutos y diligentes en impartir conocimientos y advertirles con reglas y normas basadas en el temor de Dios que es el principio de la sabiduría, hacerles conocer los mandamientos y lo que exige Dios para su linaje.

Ahora bien, que es lo que Dios Padre pide a quienes por fe se consideran sus hijos, lo encontramos en Deuteronomio capítulo 10 versículo 12: *"Ahora, pues, Israel, ¿qué pide Yahvé tu Dios de ti sino que temas a Yahvé tu Dios, que andes en todos sus caminos, y que lo ames, y sirvas a Elohim tu creador con todo tu corazón y con toda tu alma; que guardes los mandamientos de Yahvé y sus estatutos, que yo te prescribo hoy, para que tengas prosperidad?"*

Si desglosamos este versículo nos dice: **Ahora,** el ahora de Dios es el presente no se remite al pasado ni habla en futuro sino que siempre Dios hablará en presente cuando quiera que hagamos algo , **pues** es una introducción de la causa o motivo por la que escribe la oración, **Israel** se refiere a su pueblo y a sus hijos, en sí a la nación de Israel y también a quienes creemos en el Padre Celestial y su hijo Jesús, **¿qué pide Yahvé tu Dios de ti sino que temas a Yahvé tu Dios,** Él pide a sus hijos que nos apartemos del mal y tengamos sabiduría para actuar y tomar decisiones, porque eso significa el temor a Dios no hacer el mal, aborrecer lo que ÉL aborrece y amar lo que ÉL ama, *que andes en todos sus caminos* es decir que primero debemos conocer esos caminos, y no ser como los israelitas que no escucharon y trazaron sus propios caminos a lo largo de la vida y por lo tanto experimentaron juicio de Dios, esto quiere decir que aunque experimentemos dolor siempre en los caminos de Dios tenemos su gracia para fortalecernos y seguir adelante , *y que lo ames* es pensar en él primero antes que en otra cosa , es conocerlo y saber de sus propósitos por medio de su palabra, mientras más tiempo invirtamos con Jesús más lo amaremos, *y sirvas a Elohim tu creador con todo tu corazón y con toda tu alma* esto es dar testimonio de quien es Dios en nuestra vida por medio de las acciones, actitudes, decisiones, tenerlo presente en todo , hay mucha gente que se dedica a servir a Dios tiempo completo con todo su ser que más allá de esperar algo a cambio solo quieren agradarlo y hacer su voluntad, *que guardes los mandamientos de Yahvé y sus estatutos, que yo te prescribo hoy, para que tengas prosperidad?* y como último pedido es que obedezcamos sus mandamientos escritos en su palabra, además de los 10 mandamientos dados por medio de Moisés, a lo largo de la Biblia encontramos otros mandamientos, acerca del matrimonio, acerca de los hijos, de los empleados y jefes, entre otros. Pero recordemos que con muchos mandamientos también tenemos promesas. Es por lo cual que la obediencia atrae la bendición.

RETOMANDO
MI HISTORIA

Con todo lo manifestado hasta estos renglones tengo que confesar que con mis dos primeros hijos, el uno que tiene 24 años y el otro 22, no he logrado casi nada como resultados del proceso de formación en el temor de Dios, ya que como les había expresado ellos fueron criados por todos en mi casa y a la vez por nadie, nunca supieron quién era su verdadera autoridad, yo era muy joven y sobre todo inmadura, mi padre y mi madre cada uno ejercieron su labor de abuelos y padres a la vez , por otro lado a mí, su madre, me veían como una hermana igual que a mi hermana pequeña que no solo jugaba con ellos sino que además los atendía y velaba por su bienestar, así que todo era una confusión para ellos lo que provocó que no formen una identidad, por lo tanto mi hijo mayor fracasó en los estudios, y cometió muchos errores y su único interés era el dinero y sus deleites, pero actualmente trabaja es independiente y me atrevería a decir que poco valora de lo que hice por él; el menor sucumbió en el uso de las drogas; hoy en día ha superado un porcentaje sus problemas dejó un tipo de drogas, pero aun padece cierta ansiedad, vive conmigo, logró ingresar a la Universidad en parte por propios méritos, pero sigue sumido en la soledad, amargura y rencor; pues si dejó la adicción, pero no ha dejado que Dios lo sane, entonces si manifiesto que he logrado obtener casi nada de resultados es porque fue extremadamente difícil ser madre de ellos, nunca pude recuperar la autoridad ni la confianza, pues lo único que realmente podía hacer por ellos era orar, y tomar ciertas decisiones de cambios para sus vidas aunque no lo aceptaban, tanto ellos como yo hemos pasado momentos muy difíciles los últimos 10 años tratando de organizar nuestro hogar y retomarlo, aunque su estado actual es superable, pero pienso que la marca que quedó en sus vidas no es la de una madre y un padre firme, sino la de la disfuncionalidad. Todo lo contrario sucede con mi tercer hijo que tiene 8 años tiene a sus padres quienes somos su autoridad, su seguridad y protección, lo guío en temor de Dios, con las Escrituras y una sana disciplina; con él aprendí a quitar toda iniquidad de mi vida y la de él para que no se repitan patrones y no cometa los mismos errores de su padres o sus hermanos; El Señor me guio con sabiduría para motivarlo a que ame la palabra de Dios Padre, las cosas de Él y como está escrito en Proverbio 22:6 *"Instruye al niño en su camino, y aun cuando fuere viejo no se apartará de él"*. Seguro él tendrá que contar un futuro diferente, comprometido con sus padres y con el Altísimo, responsable de sus actos y agradecido por quien es y llegue a ser.

En sí, se tiene hijos para dejarles herencia y legado.

Algunos versículos bíblicos que contienen mandamientos y promesas

Deuteronomio 28:1-9:

¹Acontecerá que si oyeres atentamente la voz de jehová tu Dios, para guardar y poner por obra todos sus mandamientos que yo te prescribo hoy, también Jehová tu Dios te exaltará sobre todas las naciones de la tierra.

²Y vendrán sobre ti todas estas bendiciones y te alcanzarán, si oyeres la voz de Jehová tu Dios.

³Bendito serás tú en la ciudad, y bendito en el campo.

⁴Bendito el fruto de tu vientre, el fruto de tu tierra, el fruto de tus bestias, la cría de tus vacas y los rebaños de tus ovejas.

⁵Benditas serán tu canasta y tu artesa de amasar.

⁶Bendito serás en tu entrar y bendito en tu salir.

⁷Jehová derrotará a tus enemigos que se levantes contra ti, por un camino saldrán contra ti, y por siete caminos huirán de delante de ti.

⁸Jehová te enviará su bendición sobre tus graneros, y sobre todo aquello que pusieres tu mano; y te bendecirá en la tierra que Jehová tu Dios te da.

⁹Te confirmará Jehová por pueblo santo suyo, como te lo ha jurado, *cuando guardares los mandamientos de Jehová tu Dios, y anduvieres en sus caminos.*

Josué 1:7-9:

⁷Solamente esfuérzate y se muy valiente, para cuidar de hacer conforme a toda la ley que mi siervo Moisés te mandó; no te apartes de ella ni a diestra ni a siniestra, para que seas prosperado en todas las cosas que emprendas.

⁸*Nunca se apartará de tu boca este libro de la ley, sino que de día y de noche meditarás en él, para que guardes y hagas conforme a todo lo que en él está escrito;* porque entonces harás prosperar tu camino y todo te saldrá bien.

⁹*Mira que te mando que te esfuerces y seas valiente; no temas ni desmayes,* porque Jehová tu Dios estará contigo en donde quiera que vayas.

Job 11:13-18:

¹³*Si tú dispusieres tu corazón, Y extendieres a él tus manos;*

¹⁴*Si alguna iniquidad hubiere en tu mano, y la echares de ti, Y no consintieres que more en tu casa la injusticia,*

¹⁵Entonces levantarás tu rostro limpio de mancha, Y serás fuerte, y nada temerás;

¹⁶Y olvidarás tu miseria, O te acordarás de ella como de aguas que pasaron.

¹⁷La vida te será más clara que el mediodía; Aunque oscureciere, será como la mañana.

¹⁸Tendrás confianza, porque hay esperanza; Mirarás alrededor, y dormirás seguro.

Salmos 122:6-7:
⁶Pedid por la paz de Jerusalén; Sean prosperados los que te aman.
⁷Sea la paz dentro de tus muros, y el descanso dentro de tus palacios.

Proverbios 3:7-8:
⁷No seas sabio en tu propia opinión; teme a Jehová, y apártate del mal;
⁸Porque será medicina a tu cuerpo y refrigerio a tus huesos.

Isaías 41:10:
¹⁰*No temas,* porque yo estoy contigo; *no desmayes,* porque yo soy tu Dios que te esfuerzo; siempre te ayudaré, siempre te sustentaré con la diestra de mi justicia.

Isaías 58:9-11:
⁹Entonces invocarás, y te oirá Jehová; clamarás y dirá él: Heme aquí. *Si quitares de en medio de ti el yugo, el dedo amenazador, y el hablar vanidad;*
¹⁰*Y si dieres tu pan al hambriento, y saciares el*

alma afligida, en las tinieblas nacerá tu luz, y tu oscuridad será como el mediodía.

¹¹Jehová te pastoreará siempre, y en las sequías saciará tu alma, y dará vigor a tus huesos; y serás como huerto de riego, y como manantial de aguas, cuyas aguas nunca faltan.

Miqueas 6:8:

⁸Oh hombre, él te ha declarado lo que es bueno, y qué pide de ti: *solamente hacer justicia, y amar misericordia, y humillarte ante tu Dios.*

2 Pedro 3:9:

⁹El Señor no retarda su promesa, según algunos la tienen por tardanza, sino que es paciente para con nosotros, no queriendo que ninguno perezca, sino que todos procedan al arrepentimiento.

www.ingramcontent.com/pod-product-compliance
Lightning Source LLC
Chambersburg PA
CBHW062035120526
44592CB00036B/2143